Heimatverein Renquishausen e.V.

Renquishausener Weihnachtsbackbuch

Heimatverein Renquishausen e.V.

Renquishausener
Weihnachtsbackbuch

© 2015 Heimatverein Renquishausen

1. Auflage

Grafik & Layout: Thorsten Buhl

Verlag: tredition GmbH, Hamburg
ISBN: 978-3-7323-7000-9

Adrian's Lebkuchen

350g Mehl
1 P. Backpulver
1 P. Lebkuchengewürz
1 TL. Zimt
1-2 EL. Kakaopulver
250g Zucker
1 P. Haselnüsse gemahlen
→ vermischen

250ml Milch erwärmen nicht kochen. 150g Butter dazugeben auflösen und dann etwas abkühlen lassen. → alles vermischen und rühren. 3 EL Honig und 4 Eier dazugeben, umrühren und bei 200°C 15min backen.

Adrian Stehle

6

Amarettokugeln

Zutaten:

100 g. Zartbitterschokolade
100 g. Vollmilchschokolade
100 g. Marzipanrohmasse
250 g. Rührkuchen
6 Eßl. Amaretto
Puderzucker

Zubereitung:

Schokolade, Marzipan und Amaretto
in einem Topf langsam schmelzen.
Die Schokoladenmasse mit dem
zerbröselten Kuchen vermengen.
Kugeln formen und diese dann im
Puderzucker wälzen.
Diese Kugeln sind nicht lange haltbar
und sollten im Kühlschrank auf-
bewahrt werden.

Anja Kloos

7

Apfelbrot

ca. 750 Gramm geraspelte Äpfel mit
250 Gramm Zucker über Nacht durchziehen
    lassen.
250 Gramm Rosinen
250 Gramm ganze Haselnüsse
1 Efl. Kakao oder 3 Efl. Kaba
etwas Zimt und gemahlene Nelken
1 gutes Gläschen Schnaps (z.B. Kirschwasser)
500 Gramm Mehl
1 ½ Pck. Backpulver

Alle Zutaten zusammenrühren und ca. 1¼
Stunden bei 175°C backen.
Ergibt 1 große Kastenform !

Diana Sauter

8

Apfelbrot

1,5 Kg Äpfel in Scheiben o. grob
raspeln, 500 gr. Zucker,
300 gr. gem. Mandeln,
300 gr. Rosinen,
alles mit den Äpfeln mischen
300 gr. Feigen o. Aprikosen je 1 Pck.
Zitronat u. Orangeat zerkleinern,
2 Tl. Zimt, 2 EBl. Kakao, etwas
Pfeffer u. Nelken, u. 125 gr. Rum
mischen.

1 Kg Mehl
2 Würfel Hefe
etwas Salz
Aus allen Zutaten einen Teig
herstellen, gehen lassen.
Bei 190°C ca. 80 Min. backen.

Heidi Mattes

Apfel brot

750 g Äpfel — fein raspeln
125 g Zucker
250 g Rosinen
250 g Nüsse — ganze Nüsse
1 E,Bl. Kakao
2 E,Bl. Obstler
1 Teel. Zimt
1 Pack. Lebkuchen

—

alles zusammen vermischen
und ca 1 Tag ziehen lassen

500 g Mehl
2 Pack. Backpulver

unter die Apfelmasse mischen
Reicht für 1 Kastenform.

bei 175 °C ca 90 Min. backen

Ausstecherle (einfach!)

Zutaten:
- 500 Gr. Mehl
- 250 Gr. Butter
- 125 Gr. Zucker
- 2 Eier
- 4 EßL. Milch
- ½ Pck. Backpulver
- 3 Pck. Vanillezucker
- Eigelb zum Bestreichen

Alle Zutaten zu einem Teig kneten und etwa 1 Stunde ruhen lassen.

Danach den Teig auswellen und beliebige Formen ausstechen. Vor dem Backen mit Eigelb bestreichen und nach Belieben mit Hagelzucker o. ä. bestreuen.

Backen: 180°C ca. 10 Minuten

Diana Sauter

11

Bauserbusserl

Christa Schwarz

Für ca. 80 Stück

150 g. zimmerwarme Butter
275 g. Zucker
1 TL. Vanillezucker
1 Prise Salz
2 Eigelb
200 gr. Mehl
Mehl für die Arbeitsfläche
Butter für das Blech
3 Eiweiß
60 gr. Johannisbeermarmelade

1. Butter, 25gr. Zucker, Vanillezucker,
Salz und Eigelb mit den
Knethaken des Handrührgerätes
glatt rühren. Das gesiebte Mehl
dazugeben und mit den Fingern
krümelig untermischen. Dann mit
den Händen zu einem glatten

Mürbeteig kneten, zu einem Ziegel formen und in Klarsichtfolie gewickelt im Kühlschrank etwa 30 Minuten ruhen lassen.

2. Den Teig auf einer bemehlten Arbeitsfläche messerrückendick ausrollen und Kreise von 1½ bis 2 cm Durchmesser ausstechen. Im Abstand von 2 cm auf ein gebuttertes Backblech setzen.

3. Den Backofen auf 165 °C vorheizen

4. Eiweiß schaumig rühren, restlichen Zucker langsam einrieseln lassen und das Ganze zu einer festen Masse schlagen. Tülleinen Spritzbeutel mit Lochtülle von etwa 1 cm. Durchmesser füllen und auf jeden Mürbeteigkreis einen Tupfen der Baisermasse spritzen.

5. Im vorgeheizten Ofen 20 Minuten auf der unteren Schiene hell backen. Marmelade auf die Busserl streichen, je 2 zusammen setzen. Gutes gelingen

13

Butter „S"

Zutaten:

500g. Mehl
250g. Butter
200g. Zucker
3 Eier
etwas Zitronenschale
1Pr. Salz

Zubereitung:

Alle Zutaten zu einem Teig kneten und 2 Std. im Kühlschrank ruhen lassen. Den Teig durch einen Fleischwolf mit Sterneinsatz drücken. Aus dem Teig Ringe, Streifen und „S" formen und auf ein gefettetes Backblech legen.
Bei 200°C ca 8 - 10 min. backen

Anja Kloos

14

15

Cappuccino – Herzen

200 g	Mehl	Alle
1	Eigelb	Zutaten
125 g	Margarine	in einer
75 g	Zucker	Schüssel
50 g	Schokoladen- raspeln	kneten &
1 P	Vanillezucker	1 Std. kalt
2 EL	Cappuccinopulver	stellen.

Teig 1 cm dick ausrollen & Herzen ausstechen.

Bei 180 Grad (Umluft 160 Grad)
12 - 15 Minuten backen.
Nach dem Erkalten die Herzen je
zur Hälfte in Kakaoglasur tauchen
und nach Belieben mit Schokobohnen
dekorieren.

.... ♡ .... Frohe Festtage
              wünscht   Heidi Meyer

Christstollen (wie man ihn im Vogtland bäckt)

Alle Zutaten über Nacht bei Zimmertemperatur lagern.

Vorbereitung: Am Vorabend

500 g Rosinen waschen und in Rum einlegen

150 g bittere Mandeln häuten und ganz fein reiben und mit heißer Milch überbrühen, bis sie leicht bedeckt sind und 4 Pack Vanille-Zucker dazugeben und verschließen.

500 g süße Mandeln häuten und grob hacken.

Am Folgetag einen Hefeteig herstellen aus:

* 1 kg Mehl
* 160 g Hefe
* ca 100 ml Milch (lauwarm)
* 1 TL Salz
* 250 g flüssiger Butter
* 125 g Butterschmalz
* 125 g Schweineschmalz
* 150 g Zucker
* 2 Eigelb
* Schale von 2 Zitronen
* 100 g Orangeat
* 100 g Zitronat

den eingelegten Rosinen, den Mandeln
und Bittermandeln.
Den Teig gut 1½ Stunden gehen lassen.
Dann je 3 1kg Stollen oder 2 mal
1,5 kg Stollen formen. Die Stollen
nacheinander bei 175°C Ober/Unter-
hitze ca 60 Minuten ausbacken.
Nach dem Auskühlen in Plastiktüten
verpacken und erst vor dem Verzehr
mit flüssiger Butter und Staubzucker
kräftig bepinseln und bestäuben.

Sylvia Schink

Eierlikör - Sterne

Einen Mürbeteig herstellen aus:
125 g kalter Butter
100 g Puderzucker
1 Prise Salz
Schale von einer Zitrone
1 Ei
180 g Mehl
70 g Speisestärke
100 g gem. Mandeln
2 TL Zimt
1 PK Vanillezucker

Teig über Nacht im Kühlschrank.
Teig auf einer bemehlten Arbeitsfläche
ca 5 cm dick ausrollen und mit
einem sternförmigen Ausstecher Plätzchen
ausstechen. Aus der Hälfte mittig
einen kleinen Stern ausstechen.
Plätzchen nacheinander bei 175°C ca
8-10 Minuten ausbacken und auskühlen lassen.
3 EL Eierlikör und 130g Puderzucker
mischen und auf die ganzen Plätzchen
geben, dann die ausgestochenen darauf
setzen und zum Schluß mit Puderzucker bestäuben.

Sylvia Schink

Elisenlebkuchen

(ergibt ca. 30 Stück)

Teig

300g Puderzucker
5 Eier
500g gemahlene Mandeln
Lebkuchengewürz
1 Packung runde Back-Oblaten

Glasur

Weiße, Vollmilch- oder
Zartbitterkuvertüre

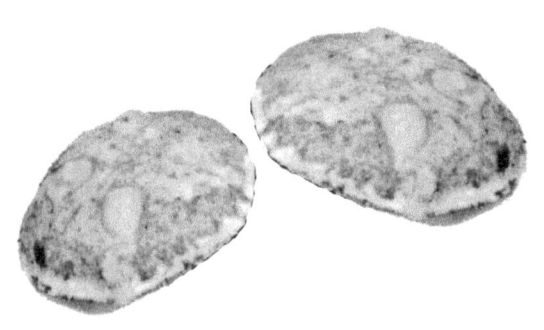

Zubereitung

Die 5 Eier und 300g Puderzucker schaumig verrühren und das Lebkuchengewürz darunterheben.

Die gemahlenen Mandeln ebenfalls untermengen.

Bei Bedarf etwas Milch zugeben.

Mit Hilfe eines Eiskugel-Portionierers den Teig auf runde Oblaten geben.
(Nach jeder Portion wird der Eisportionierer wieder in kaltes Wasser eingetaucht.)

Backzeit:
ca. 15 Minuten bei 180 Grad im vorgeheizten Backofen.

Mit Kuvertüre verzieren

Viel Spaß

Maria Huggle

23

Engelsaugen

175 g weiche Butter

130 g Puderzucker

Saft + Schale einer Zitrone

4 Eigelb

1 Ei
80 g gemahlene Mandeln
200 g Mehl

3-4 EßL Milch

---

zum bestreichen

1 Eigelb
1 Prise Zucker
1 Prise Salz

---

zum füllen

Johannisbeergelee

Butter, Puderzucker u. Eier rühren
Mehl unterrühren und zum
schluß Milch Mandeln u. den Rest des
Mehles Unterkneten.

2 Std. Kalt stellen.
Backofen auf 150 Grad vorheizen

Walnuss große Kugeln formen und
aufs Blech setzen
In Jede Kugel mit dem Stilende
eines Kochlöffels vorsichtig in die
Mitte eine Mulde drücken.
Mit Eigelb, Zucker, Salz bestreichen
12-15 Min backen und abkühlen lassen
Das Johannisbeergelee aufkochen
und vorsichtig in die Mulden der
Plätzchen verteilen. Mit Puderzucker
bestauben.   Kreszentia Schilling
25

Feine Ausstecherle

500 g	Mehl	
200 g	Zucker	
250 g	Butter	
2	Eier	
2 EL	Milch	
1 Päck.	Backpulver	
1 Päck.	Vanillezucker	

Backzeit:
10 - 15 Minuten
bei 180 °C

Butter, Zucker, Eier, Vanillezucker
und Milch schaumig rühren.
Mehl mit Backpulver mischen
und unterkneten. Teig 2 Stunden
kalt stellen.
Den Teig ausrollen und ausstechen
Eigelb mit Milch mischen und
bestreichen.

Backzeit:
10 - 15 Minuten
bei 180°C

Viel Spaß beim Backen

Tanja Heinemann   Daniela Heinemann

27

Fingergolatschen

einfach

50 Stück

360 g	weiche Butter
180g	Zucker
4	Eigelb
400g	Mehl + Mehl zum Verarbeiten
2	Eigelb zum Bestreichen
1/2	Glas Himbeerkonfitüre
50g	gehackte Mandeln

Die Butter in einer großen Schüssel gründlich schaumig rühren. Den Zucker nach und nach zugeben und die Masse so lange rühren, bis sich der Zucker auflöst.

Das Eigelb nacheinander einrühren.

Das Mehl einsieben und den Teig geschmeidig glatt rühren.

Ein Backblech mit Backtrennpapier auslegen.

Aus dem Teig mit den Händen kleine Kugeln formen und auf das Blech setzen.

Jede Teigkugel in der Mitte mit dem bemehlten Finger eindrücken und mit verquirltem Eigelb bestreichen. Die Himbeer-
konfitüre in die Löcher füllen. Die Mandeln
darüber streuen und die Plätzchen im
vorgeheizten Backofen bei 180°C etwa
12 Minuten backen.

Gutes Gelingen wünschen

Daniela Heinemann
Tanja Heinemann

Flebsmakronen

Zutaten:
- 250 g Butter
- 300 g kernige Haferflocken
- 200 g knusprige Haferfleks
- 200 g Zucker

- 1 Päckchen Vanillezucker
- 3 Eier
- 50 g Mehl
- 1 TL Backpulver

Butter in einem großen Topf kochend-heiß werden lassen.

Sofort die kernigen Haferflocken und die knusprigen Haferfleks dazugeben und gut durchrühren.

Die Mischung völlig abkühlen lassen.

Inzwischen Zucker, Vanillezucker und Eier schaumig rühren.

Mehl und Backpulver dazugeben, durchrühren und mit der erkalteten Flockenmischung verrühren.

Mit zwei leicht angefeuchteten Teelöffeln kleine Häufchen auf ein mit
Backpapier ausgelegtes Blech setzen.
Dabei die Löffel zwischendurch immer
in Wasser tauchen, damit der Teig
nicht am Löffel anklebt.

Die Makronen im vorgeheizten Backofen, mittlere Einschubleiste, bei
200 Grad ca. 10 bis 12 Minuten
backen.

Frohes Backen

Silke Schilling

Gefüllte Schoko-Minz-Plätzchen

Zutaten: 100 gr. Zartbitterschokolade
125 gr. Butter
100 gr. Zucker
225 gr. Mehl
50 gr. gemahlene Haselnüsse
1 Ei

Zubereitung: Alles zusammen kneten,
ca. 1 Std. kalt stellen.

Auf reichlich Mehl ausrollen
und kleine Rechtecke aus-
stechen.

Bei 200 °C ca. 15 Min. backen.

Füllung: 1½ Tafeln weiße Schokolade
im Wasserbad schmelzen
6 Tropfen Pfefferminzöl (aus
Apotheke) dazu
Jeweils zwei Plätzchen mit
der Schokolade zusammen-
kleben.

Nadja Mattes

Gewürz~ Kuchen

250 g Butter
300 g Zucker
3 Eier , 1 Teel. Zimt
1 P Vanillezucker
1 Eßl. Rum, Zitronenschale
etwas gem. Ingwer
1 Messerspitze Kardamon,
Nelken
500g Mehl , 1 P. Backpulver
1/8 l Milch
250 g Rosinen , 50 g Mandeln
2 kl. geraspelte Äpfel
100 g feinwürfelig geschn. Orangat

↳ Rührteig herstellen & in eine
vorbereitete Kastenform
füllen.

Backzeit : 70 Min. bei 180-190°C

1-2 Eßl. Aprikosenmarmelade
erhitzen, den Kuchen nach
dem Backen mit der Marmelade
bestreichen, mit einer Glasur
überziehen.

Sarah Thür

34

☺ Glühwein ☺

1 Liter Trockener Rotwein

1 Sternanis
1 Kardamon - Kapsel
1 Pimentbeere
2 Nelken
} alles zusammen zer-
mahlen und zum
Rotwein geben

Aufwärmen aber nicht Kochen!

1 Vanillschote   Mark rauskratzen
1 Orange   auspressen

Mark, Schote und Saft zum Rotwein
geben.

1/2 Teel.   Zimtpulver
15 gr.   Brauner Zucker

beides zuletzt zum Rotwein geben

dann 30 min. auf kleiner Flame

aromatisieren lassen.

Karin Maier

35

Glühwein Dreispitze

375 gr Butter
  3 Eßl. Vanillezucker
375 gr. Zucker
  6   Eier
225gr. Kuvertüre
375gr Mehl
  1   Backpulver
¼ L Glühwein
backen mit 200° 40-45 Min.

Glasur 3-4 Eßl. Glühwein
        200gr Puderzucker
Auf dem Blech aus kühlen lassen
dann Glasur darauf streichen
  in Dreispitze oder Vierecke schneide

          Gutes
            gelingen wünscht
                R. Schulz

36

(Glühweinkuchen im „WECK·Glas",

8 Weck-Gläser à 160 ml mit
Butter ausstreichen & Bröseln ausstreuen.

125 g	Butter	⎫ Zutaten
125 g	Zucker	Schaumig
1 P	Vanillezucker	⎬ schlagen
1 TL	Orangenschale	
1 TL	Lebkuchengewürz	⎭
2	Eier	unterrühren
100 g	Mehl	⎫ mischen &
25 g	Speisestärke	⎬ löffelweise
1 TL	Backpulver	⎭ mit

von
Heidi
Meyer

60 ml kalten Glühwein unterrühren.

Gläser zur Hälfte befüllen & auf Rost
bei 180 Grad ca. 20 Min. backen. (Stäbchen probe)
Bei Belieben kann im 100°C - heißen
Wasserbaden die Gläser in 30 Min. einge-
kocht werden - zur Haltbarkeit.

Glühwein - Muffins

250 gr Mehl
2 Teel. Backpulver
1 Prise Salz
80 gr. Zucker
1 Päck. Vanillzucker
1 Prise Nelkenpulver
1/2 Teel. Zimt
1/2 Teel. Cardamon
50 gr zerhackte Zartbitterschokolade

alles miteinander vermischen

1 Ei
5 EßL Sonnenblumenöl
5 EßL Milch
0,2 Liter Glühwein
125 gr. Puderzucker

alles mit dem Mixer schaumig rühren

Nun die trockenen + feuchten Zutaten

zusammen rühren. In Muffinformen

füllen und bei 200° 20min backen.

Nach dem abkühlen die Muffins mit einem

Guß aus 125gr. Puderzucker und 2 EßL. Glühwein

überziehen.

Karin Maier

38

Himbeerbrötchen

3 Eier
250 g Zucker
3-4 Esslöffel dicke Himbeermarma-
    lade.
300 g Mehl

Die ganzen Eier mit dem
Zucker schaumig rühren, die
Himbeermarmalade und das Mehl
zugeben. Den Teig nicht zu weich
zubereiten, evtl. mehr Mehl zufügen.
Ein Backblech einfetten, kleine
Häufchen von der Masse darauf setzen,
über Nacht stehenlassen und dann bei
mittlerer Hitze backen.   Elisa Klaas

Hohe Lebkuchen

Zutaten: 500 g Kunsthonig,
250 g Margarine, 4 Eier,
375 g Zucker, 1000 g Mehl
1 Päckchen Lebkuchengewürz,
etwas Zitronat und Orangeat
10 g Natron oder ein Päckchen
Hirschhornsalz, 1 Teel. Zimt,
nach Belieben gehackte Nüsse
und Rosinen ertl. 1 Teel. Kakao

- - - - - - - - - - - - - - - - -

Eier und Zucker schaumig rühren,
Kunsthonig und Margarine flüssig
werden lassen und hin zu fügen.
Nun das Mehl, die Gewürze sowie
das Natron unterrühren, ertl.

etwas Milch hinzufügen.
Auf zwei gefettete Backbleche
streichen, bei 180° backen, nach
Belieben glasieren und dann schneiden.

Renate Schilling   Angerstr. 19

Holunder Spitzbuben

Für den Teig:

400g Mehl
200g Butter
3 Eigelb
100g Zucker
2 TL Vanillezucker
50g geriebene
   Haselnüsse
abgeriebene Schale
   einer Zitrone

Für die Füllung:

Saft einer Zitrone
200g Holunderbeergelee
Puderzucker zum
   Bestäuben

Mehl auf ein Backbrett sieben und eiskalte
Butter in Flöckchen darauf verteilen.
Eine Vertiefung ins Mehl drücken, die restlichen
Teigzutaten hineingeben und mit einem Messer
alles durchhacken.
Dann rasch durchkneten, in Folie wickeln
und im Kühlschrank 2 Stunden ruhen lassen.
Mit Ausstechern Plätzchen und
ebenso viele Ringe formen.
Den Backofen auf 200°C vorheizen.
Alle Plätzchen auf der mittleren Leiste
gold gelb backen.
Gelee mit Zitronensaft verrühren und
auf die Plätzchen streichen.
Die Ringe mit Puderzucker bestäuben
und auf die Geleeschicht setzen.
Öffnungen mit restlichem Gelee auffüllen.

Vera Huggle

Honigkuchenquadrate

60 g	Butter	schaumig rühren
125 g	Zucker	} unterrühren bis
200 g	Bienenhonig	alles gelöst ist
50 ml	Milch	} nach & nach
2	Eier	beigeben
6 Tr.	Zitronenaroma	}
1/2 TL	Lebkuchengewürz	unterrühren
1/2 TL	Zimt	
250 g	Mehl	} mischen,
50 g	Kakao	sieben
3 TL	Backpulver	unterheben
150 g	gem. Mandeln	} ebenfalls
100 g	Zitronat	unterheben
100 g	Orangenat	

Backblech (Fettpfanne) mit Butter
einfetten und mit Mehl bestreuen.
Teig auf Backblech streichen

Bei 180 Grad (vorgeheizt)
20-25 Minuten backen.

100 g gesiebter Puderzucker ⎫ zu Guss
  3 EL Kirschwaser   ⎬ verrühren

Gebäck nach dem Backen noch heiß
mit Guss bestreichen & erkalten lassen.

Gebäck in Quadrate schneiden.

Gutes Gelingen
wünscht
Heidi Meyer

45

LebKuchen

Runde Küchlein, würzig-fein,
„LabeKuchen" sollen sie sein.
Wer solch ein zartes Oblatenbrot
dem Freundeskreise zur Labung bot,
Litt unter Armut nicht und Not.
LebKuchen waren begehrt,
als Heilmittel verehrt.
Ich bringe dir Küchlein, würzig-fein,
Wegzehrung sollen sie dir sein.
Sie sollen dich stärken, dass kein Leid
dich quält, und das nicht nur
                    zur Weihnachtszeit!

47

Ursulas Kartoffel-Lebkuchen!

gleich weich und saftig!!!

400 g	geriebene Kartoffeln (Vortag)
4	Eier (von glücklichen Hühnern)
500 g	bester Heuberghonig
100 g	Zitronat oder Orangeat
300 g	Nüsse gemalen
200 g	Mandeln gehackt
2 EL	Zimt
je 1	Päckchen Backpulver Lebkuchengew.

Eier, Honig & Gewürze schaumig
rühren. Restliche Zutaten unterheben.
Kleine Portionen abstechen und auf
Oblaten setzen. 20 Minuten bei 180 °C
Mit Schokolade überziehen! Ursula
Mattes

48

Kokosmakronen

4 Eiweiß ⎤ steif schlagen
150 g Zucker ⎦

1 EL Vanillezucker ⎤
65 g Quark ⎥
5 Tropfen Bittermandel ⎥ unterheben
200 g Kokosflocken ⎦

Mit 2 nassen Teelöffeln kleine Häufchen von der Masse abnehmen & auf Backoblaten setzen.

Bei 180 Grad ca. 20 Min backen.

Einen schönen Advent
wünscht

Heidi Meyer

49

Kokos - Schoko - Barren vom Blech

100 g Zartbitterschokolade
100 g Butter
100 g Zucker
1 Pck. Vanillezucker
4 Eigelb, 5 Eiweiß
3 EL Kakao
120 g Mehl
1 TL Backpulver
100 g ger. Haselnüsse oder Mandeln
80 g Kokosflocken

Für den Guss:
150 g Vollmilchkouvertüre
Kokosflocken zum Bestreuen

Variation ohne Nüsse:
150g Mehl u. 150g Kokosflocken

50

Schokolade im Wasserbad schmelzen. Butter mit Zucker u. Vanillezucker schaumig schlagen, Eigelb zufügen, zu einer cremigen Masse rühren. Geschmolzene Schokolade einrühren. Kakao, Nüsse, Mehl und Kokosflocken unterrühren. Eiweiß sehr steif schlagen, vorsichtig unter die Teigmasse heben. In einer gefetteten Form mit ca 24 x 30 cm bei 170 °C ca 30 - 40 Minuten backen. Kouvertüre schmelzen lassen, Kuchen damit bestreichen, mit Kokosraspeln bestreuen und in Barren schneiden.

Gutes

Gelingen wünscht

Andrea Lehner

51

Lebkuchen

Zutaten für ein Blech
350 g Mehl
250 g Zucker
1 Vanillezucker
100 g gemahlene Nüsse
1 TL Lebkuchengewürz (gestrichen)
1/2 TL gemahlene Nelken (gestrichen)
75 g Zitronat
75 g Orangeat
1 Backpulver (gesiebt)

Zutaten mit Esslöffel verrühren.

1/4 l Milch
2 EL flüssigen Honig
150 g flüssige Butter
4 Eier

Milch, Honig, Butter und Eier mit dem Handrührgerät verrühren und in die Mehl-Gewürzmasse einrühren.

Teig auf ein gefettetes Backblech geben.

Backen: Ober-Unterhitze 175°C, 25 Minuten, Stufe 2, vorgeheizt

70 g Halbbitterkuvertüre
70 g Vollmilchschokolade
etwas Pflanzenfett

Zutaten im Wasserbad schmelzen und Lebkuchenblech (ausgekühlt) mit Masse bestreichen. Noch warm schneiden (ergibt ca. 30 Stück). Mit gehackten Mandeln verzieren – Schokoguss muss noch flüssig sein.

Bettina Braun

Linzer Torte

500g	Butter
400g	Zucker
5-6	Eier
1	Vanillezucker
1	Pr. Salz
½ Teel.	Nelken
1 Teel.	Zimt
200g	Mandeln gem.
200g	Haselnüße gem.
1	Backpulver
650g	Mehl
2	Eßl. Rum

Himbeer oder Johannesbeer
Marmelade

ergibt zwei runde Bleche

54

Butter mit Zucker u. Eiern
gut verrühren.
Nach und nach Gewürze und
restliche Zutaten einarbeiten
und zu einem glatten Teig
verkneten.
Den Teig 30-40 min kalt
ruhen lassen.
Ca. 2/3 des Teiges in die
beiden Springformen verteilen.
Rand andrücken.
Marmelade darauf verteilen.
Aus restlichem Teig Streifen
ausrädeln und gitterartig
auf die Marmelade legen.
Das Gitter mit verquirltem
Eigelb bestreichen.

ca. 35 min bei 180-200° backen.
Th. Valk

Die ehemalige Krippe der Kirche
St. Stephanus wurde 1958 von Robert
Käfer und Christian Moser gebaut.
Die Figuren aus Holz und bemalter
Keramik wurden zum größten Teil
von Bürgern der Kirchengemeinde
Renquishausen gestiftet.

Mandelplätzchen

225 g Mehl
100 g Zucker
1 Pack VZ
225 g Margarine
100 g gem. Mandeln

} Knetteig herstellen und Plätzchen ausstechen.

175°C ca. 8 min. backen

Plätzchen mit roter Johannisbeergelee zusammensetzen.

100 g Zartbitter-Kuvertüre und etwas Biskin schmelzen.

Plätzchen zur Hälfte bestreichen und mit einer Mandelhälfte garnieren.

Sonja Alber

58

Mandelsplitter

Zutaten: 100 gr. Vollmilchschokolade
1 TL Kokosfett
1 Messerspitze Zimt
100 - 125 gr. Mandelstifte
1 TL Instantkaffee

Zubereitung: Schokolade mit
Kokosfett im heißen
Wasserbad schmelzen.

In die geschmolzene
Masse die Mandelstifte,
den Zimt und den Instant-
kaffee zugeben und unter-
rühren.
Backblech mit Alufolie auslegen. Mit einem Teelöffel
kleine Mandel-Schoko-Häuf-
chen setzen und erkalten
lassen.   Nadia Mattes

59

Mandeltörtchen!

100 gr. Mandelsplitter
150 gr. Kuvertüre

Die Mandelsplitter goldbraun rösten. Kuvertüre schmelzen und mit den Mandeln mischen. Mit Teelöffel auf ein Backblech Häufchen setzen und trocknen lassen! Später in einer Dose
aufbewahren!

Rezept: Ida Mattes.

Marzipan

2 Tassen Gries 2 Tassen Zucker
1 kl. Tasse Milch wird gekocht gut gerührt
10 Min. etwa gekocht, abkühlen lassen
bis lauwarm, 1/4 Pfund Puderzucker
Mandel Aroma 1 Eßlöffel Butter
darunter
Dann werden Kügelchen geformt. Kalt
aufbewahren.

Marzipan

von Scholastika Haug
geb. Stehle

2 Tassen Gries 2 Tassen Zucker
1 Kl. Tasse Milch wird gekocht gut
gerührt. 10 Min. etwa gekocht, ab-
Kühlen lassen bis lauwarm. 1/4
Pfund Puderzucker, Mandelaroma
1 Eßlöffel Butter darunter. Dann
werden Kügelchen geformt. Kalt
aufbewahren.

Marzipan - Eissterne

Für den Teig:

100g Marzipan Rohmasse

1/2 Pck. Finesse geriebene Zitronenschale

3 EL. Zitronensaft

175g Weizenmehl

75g Puderzucker

1 Vanillzucker

1 Prise Salz

100 g. Butter

Zum Bestäuben: Puderzucker

Backofen: Ober+Unterhitze max. 180° Heißluft max. 160°

Marzipan-Rohmasse auf der Reibe raspeln und mit Zitronenschale und Zitronensaft verrühren. Die Zutaten mischen und mit Butter zur Marzipanmasse geben. Den glatten Teig in Frischhaltefolie 30 Minuten in den Kühlschrank. Arbeitsfläche bemehlen und etwa 1/2 cm dicke Sterne ausstechen. Auf Backpapier im vorgeheizten Ofen 10-12 Minuten backen.

Brunhilde Frick

Mini - Nussecken

Teig: 300 g Mehl, 1 TL Backpulver,
100g Zucker, 1 P. Vanillezucker
2 Pr. Salz, 2 fr. Eier, 130g Butter

Belag: Aprikosenmarmelade, 200 g Zucker
200 g Butter, 2 P. Vanillezucker
200g gem. Haselnüsse, 200 g geh. Haseln.

Guss: Zartbitterkuvertüre

Zubereitung:

Die Teigzutaten zu einem Mürbeteig verkneten.
Den Teig 30 min. kalt stellen, dann auf einem
Blech ausrollen, mit Marmelade bestreichen.
Die restliche Butter mit 4 EL Wasser schmelzen, Zucker
und restliche Zutaten zugeben und vermengen.
Die Nussmasse auf dem Mürbteigboden verteilen und
bei 175°C ca. 25 min backen. Danach sofort
in kleine Ecken schneiden und in Kuvertüre tauchen.

Tatiana Stehle

Mokkaplätzchen

200 Gr. Mehl

150 Gr. Zucker

1 Prise Salz

120 Gr. gemahlene Haselnüsse

2 Eier

2 Pck. Vanillezucker

6 EßL. löslicher Kaffee

250 Gr. Butter

alles zu einem Teig kneten, Kugeln formen und bei → 175°C ca. 15-20 min. backen.

Guß: 200 Gr. Puderzucker mit 2 EßL löslichem Kaffee und 3-4 EßL heißem Wasser anrühren und die abgekühlten Plätzchen damit überziehen.

Mit einer Mokkabohne verziert — Perfekt!

Diana Sauter

Mürbchen

300 g	Mehl	}	Mürbteig herstellen
1 TL	Backpulver		& 1 Std. kalt
150 g	Zucker		stellen. Teig 3 mm
1 P	Vanillezucker		dick auswellen.
1 TL	Zitronenschale		Runde Formen aus-
200 g	Margarine		stechen

60 g   abgezogene } auf die Hälfte der
       Mandelhälften } Plätzchen andrücken

Bei 180 Grad - 10 bis 15 Min backen

Füllung: verrühren & erkaltete
150 g   Honig   Plätzchen zusammensetzen
2 TL   Zitronensaft
100 g   gem. Nussen

Frohes Backen
           Heidi Meyer

65

Nikoläuse
aus Hefeteig

1 kg   Mehl
150 g   Zucker
120 g   Butter (weich)
1   Ei
10 g   Salz
450 g   lauwarme Milch
1   Würfel Hefe
Zitronensaft oder
Vanille
Rosinen oder Nüße
zum verzieren.

Alle Zutaten zu einem
feinen Hefeteig kneten,
und etwa 1 Stunde
ruhen lassen.
Den Teig in 8 Teile
trennen und auf dem
Backbrett zu kegelförmigen
Rohlingen formen.
Arme und Beine
einschneiden u. formen.
Auf gefettetes Backblech
legen mit Ei bestreichen
und mit Rosinen oder
Nüße verzieren.

25-30 Min bei ca. 190° backen.
Th. Valk

67

Nonnenfürzle

Wolfgang Stehle

Zutaten (für ca. 20 Stück):

- 2 EL Butter
- Salz
- 2 EL Zucker
- 100 g Mehl
- 2 Eier
- ½ Päckchen Backpulver
- zum Ausbacken: 750 g Fett
- zum Bestäuben: Puderzucker

Zubereitung:

1. In einem Topf Butter, 1 Prise Salz, den Zucker und 1/8 L Wasser verrühren und erhitzen. Einmal aufkochen lassen und wieder vom Herd ziehen.
2. Das Mehl auf einmal dazu geben und mit einem Holzlöffel verrühren. Den Topf wieder auf den Herd stellen und den Teig bei schwacher Hitze solange rühren, bis sich am Topfboden eine weiße Schicht gebildet hat.
3. Den Topf beiseite ziehen und die Eier nacheinander gründlich unter den Teig rühren. Das Backpulver unterrühren. Den Teig abkühlen lassen.
4. In einer Friteuse das Fett auf 180° erhitzen. Von dem Teig mit einem Teelöffel kleine Klößchen abstechen und diese goldgelb backen.
5. Die Nonnenfürzle mit einem Schaumlöffel herausheben und auf Küchenkrepp entfetten. Mit Puderzucker bestreuen und mit Sahne servieren.

69

Nougat- Blumen

250g Mehl
½   Backpulver
75g   Zucker
1   Ei

200g Margarine
150g gem. Nüsse
1   Fl Bittermandel

Alle Zutaten zu einem Teig kneten.
Blumen ausstechen, bei 175°C 8min
backen, erkalten lassen mit Nougat
zusammen kleben.

Advents Erinnerungen

Die Vorweihnachtszeit und der
Advent waren in unserer Kindheit,
nach der doch etwas anstrengenden
Herbstarbeit, etwas Besonderes.
Wenn vor Nikolaus die ersten Brötle
und vor allem die feinen Lebkuchen
gebacken wurden, zog ein weihnacht-
licher Duft durch das ganze Haus.
Bis heute ist uns die Vorliebe
für Lebkuchen erhalten geblieben.

- - - - - - - - - - - - - - - - - - - -

Auch der Gang zur frühmorgendlichen
Rorate - Messe hatte seinen ganz
speziellen Reiz. Meistens lag schon
Schnee, der im Mondschein glitzerte
und unter den Füßen leise knirschte.
Die Kälte drang langsam durch
die Kleidung und wir freuten

uns auf die Kirche, in deren
Altarraum nur ein einzelner
Ofen etwas Wärme spendete.
Schon beim Eintritt ins Gotteshaus
fühlten wir uns, durch der Kerzen
Schimmer, wohl und geborgen.
Noch das Schlusslied „tauet Himmel"
in den Ohren, liefen wir nach Hause
und die Sterne am wundervollen,
klaren Winterhimmel leuchteten
nirgendwo so schön wie bei uns.

Zu Hause prasselte inzwischen
das Feuer im Herd und zum
Frühstück gab es Brot aus dem
Backhaus, gesottene Milch
und Malzkaffee, der immer auf
dem Herd stand.
Gestärkt gingen wir dann
in die Schule, wo damals acht
Klassen von einem Lehrer
unterrichtet wurden.
Wir rechneten, schrieben, sangen
viele Lieder und die Vorfreude
auf Weihnachten erfüllte
unsere Herzen.

Renate Schilling
Angerstr. 19

Nougat-Kipferl

Einen Teig herstellen aus:

100g weicher Butter
1 Ei
50ml Milch
1 PK Vanillezucker
1 Prise Salz
250 g Nudossi (Nuss-Nougat-Creme)
300g Weizenmehl
1/2 TL Backpulver

Den Teig am besten über Nacht im Kühlschrank ruhen lassen.
Danach Kipferl formen und ca 15min bei 175°C im Ofen nacheinander ausbacken lassen.
Nach dem auskühlen die Enden in dunkle Kuvertüre tauchen.

Sylvia Schink

75

Nougattaler mit Pistazienrand

Einen Mürbeteig herstellen aus:

200 g Mehl
75 g Puderzucker
1 Ei + 1 Eiweiß
1 Prise Salz
1 PK Vanillezucker
100 g kalte Butter

Teig in Folie und ca 1 Stunde in den Kühlschrank.
Die Nougatmasse in Streifen von 1/2 cm Breite schneiden. Den Teig halbieren und jede Hälfte auf einer bemehlten Arbeitsfläche zu einer 25 cm langen Rolle formen. Jede Rolle gleichmäßig flach drücken und die Nougatstreifen darauf verteilen. Den Teig über dem Nougat zusammenschlagen und wieder zu einer 25 cm langen Rolle formen. Beide Rollen in Klarsicht- folie 1 Stunde in den Kühlschrank legen.

Ein Eiweiß mit einer Gabel leicht schlagen. Die Teigrollen mit Eiweiß dünn bestreichen und in den 100 g gehackten Pistazien wälzen.
Jede Teigrolle in 25 Scheiben schneiden und bei 175 °C nacheinander ca 10 Minuten ausbacken.

Sylvia Schink

Ulrike Staub

Nougattürmchen

250 g	Haselnüsse	250 g	Mehl
80 g	brauner Zucker	50 g	Speisestärke
250 g	Butter	300 g	Nougatmasse
1	Prise Salz	1 Essl.	Kakao
2	Eigelbe		

Nüsse auf einem Backblech im
vorgeheizten Ofen bei 190° 10 Minuten
rösten.
Mit einem Küchentuch die Haut
abreiben.

100 g Nüsse mit dem Zucker fein
mahlen und 50 g Nüsse hacken.

Weiche Butter, gemahlene Nuss-Zucker-
mischung und eine Prise Salz mit
einem Rührgerät zu einem glatten
Teig verarbeiten, Eigilbe kurz
unterrühren, Mehl und Stärke zufügen.

Den Teig kalt stellen.

Den Teig ca. 3 mm dünn ausrollen
und Kreise ausstechen.

Die Plätzchen im vorgeheizten Ofen
bei 190° Ober-Unterhitze 10 Minuten
backen, anschließend auskühlen lassen.

Den Nougat cremig rühren und $\frac{2}{3}$ der Masse
mit einem Spritzbeutel auf die Hälfte
der Plätzchen auftragen.
Die Deckel aufsetzen und mit dem
restlichen Nougat garnieren.

Die ganzen Nüsse daraufsetzen und die
Plätzchen kalt stellen. Mit Kakao bestäuben.

Nussecken

185 g Butter
100 g Zucker
1 Ei
300 g Mehl
90 g gemahlene Haselnüsse
1 Prise Salz

Aus diesen Zutaten einen Mürbteig
herstellen und 30 Minuten kaltstellen. Auf einem ungefetteten
Backblech (viereckig) ausrollen.
Belag: 3 EL Sahne
          150 g Butter
          100 g Zucker
          3 EL Honig
          200 g Mandelblättchen
          1 Beutel Schokoladenguss

Sahne auf den Mürbteig streichen. Die Butter mit Zucker und Honig unter Rühren erhitzen bis alles geschmolzen ist. Die Mandelblättchen unterrühren, einmal aufkochen lassen und leicht abgekühlt auf den Teig streichen.

Backen: Ober - Unterhitze 170° C, 20 - 25 Minuten, Stufe 2, vorgeheizt

Noch heiss in Dreiecke schneiden (6 x 5 Vierecke und dann Dreiecke).

Schokoladenguss erhitzen, eine Ecke abschneiden und die Nussecken damit verzieren. Vom Blech lösen und auseinander legen.

Bettina Braun

Nussecken

150 g Mehl
1 TL Backpulver
80 g Zucker
1 Pack. VZ
1 Ei
80 g Margarine

} Mürbteig herstellen und auf ein mit Backpapier belegtes Backblech ausrollen.

Den Mürbteig mit Aprikosenmarmelade bestreichen.

100 g Margarine
100 g Zucker
1 Pack. VZ
2 EL Wasser
200 g gem. Nüsse

} mischen und in einer Pfanne kurz aufkochen lassen.

Die fertige Masse auf den Mürbteig streichen und bei 175°C 20-30 min. backen.
Etwas abkühlen lassen, Dreiecksspitzen in Kuvertüre tauchen.

Sonja
Alber

Nußecken

130 g Butter
130 g Zucker
2 EßL Vanillezucker
2 Eier
} schaumig rühren

360 g Mehl
1 TL. Backpulver
} mischen und unterrühren.

Den Teig auf einem gefetteten Backblech verstreichen.

1 Glas Aprikosenmarmelade
auf den Teig (noch nicht ge-
backen) geben und verstreichen.

100 g Butter
100 g Zucker
1 EßL. Vanillezucker
} kurz aufkochen

200 g gehobelte Haselnüsse unter das Butter-
Zuckergemisch rühren.
Die Nussmasse auf die
Aprikosenmarmelade streichen.

Im Backofen ca 20 min bei 180°C backen.

Den heißen Kuchen in Ecken schneiden.
Abkühlen lassen.
Die beiden spitzen Ecken in
Schokoladeglasur eintauchen.

Gutes
Gelingen   Birgit Stehle

83

Nutella - Stangen

für ca. 40 Stück:
400 Gramm weiche Butter
150 Gramm Puderzucker
2 Päckchen Vanillezucker
400 Gramm Mehl
100 Gramm Speisestärke
NUTELLA ! ☺
evtl. Kuvertüre oder Schokolade

Die Butter mit dem Puderzucker und Vanillezucker cremig rühren. Mehl und Stärke unterrühren.

Den Teig in einen Spritzbeutel oder Kekspresse
mit mittelgroßer Sterntülle füllen und ca.
5 cm lange Stäbchen auf ein mit Backpapier

ausgelegtes Backblech spritzen.

→ Backen bei ca. 175°C etwa 10 Minuten.

Nach dem Abkühlen zwei Stäbchen
mit Nutella „zusammen kleben".

Die Nutella-Stangen können auch zur Hälfte
in Kuvertüre oder Schokolade getaucht werden!

Variante: In den Teig etwas Kakao oder
Kaba geben → ergibt Schoko-
Nutella-Stangen.

Echt lecker!

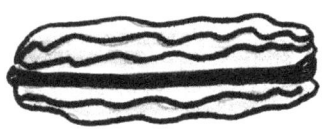

Diana Sauter

Omas Butterkekse

Teig: 500 g Mehl, 300g Butter,
300 g Zucker, 1 Pr. Salz,
2 fr. Eier, 1 P Backpulver
evtl. Vollmilchkuventüre zum Verzieren

Zubereitung:

Alle Zutaten zu einem Teig verarbeiten und
über Nacht abgedeckt stehen lassen.
Teig auf einer bemehlten Unterlage dünn
ausrollen und nach Belieben ausstechen.
Kekse auf ein mit Backpapier ausgelegtes
Blech geben und bei 200°C   20 min. Backen.

Tatjana Stehle

Orangenteler

100 g	Marzipan	in einer
100 g	Puderzucker	Schüssel
100 g	Butter	glatt rühren

4	Eigelb	Zutaten
100 g	Butter	dazugeben
1 P	Orangenback	& verkneten
320 g	Mehl	

Teig eingewickelt 1 std. kalt stellen.
Teig dünn auswellen & Taler
ausstechen.

Bei 170 Grad ca. 10 Minuten
backen.

Orangenmarmelade erwärmen &
erkaltete Plätzchen zusammensetzen.

Mit dunkler Schokoladenglasur
Plätzchen verzieren.

Viel Spaß
beim Backen

Heidi Meyer

Pangani gracili, so zart,
daß sie auf der Zunge zergehen....

375 gr   Mehl
170 gr   Zucker
1 Päckchen Vanillzucker
1 Ei
abgeriebene Schale einer
1/2 unbehandelten Zitrone
1/4 Teel. Kardamon
1/2 Teel. gemahlener Zimt
2 Eßl. Milch
150 gr. Butter oder Margarine
150 gr. Halbbitter - Kuvertüre

Das Mehl auf die Arbeitsfläche sieben, aufhäufen und eine Mulde ins Mehl machen. Zucker, Vanillzucker, das Ei, Zitronenschale, Zimt und Kardamon in die Mulde geben. Die Milch vorsichtig hineingießen, kalte Butter an den Rand legen. Alle Zutaten mit einem Messer gründlich durchhacken, dann mit Kühlen Händen rasch einen Teig kneten. Nun in Frischhaltefolie 1Std im Kühlschrank ruhen lassen. Nun den Teig dünn ausrollen und anschließend Rechtecke ausradeln. Auf ein Backblech setzen und im vorge- heizten Backofen bei 200 Grad 20 min. backen. Die abgekühlten Plätzchen zur hälfte in **Kuvertüre** tauchen und trocknen lassen.

Karin Maier

Quarkstollen

Zutaten:

500g Mehl
1 Päckchen Backpulver
je eine Messerspitze Zimt, Kardamom
2 Eier
175g Zucker
1 Päckchen Vanillezucker
das Abgeriebene einer Zitrone
200g Butter
250g Quark
250g Rosinen → diese am Abend zuvor
                  mit 5 Esslöffel
                  Rum einweichen

125g Mandeln (gerieben, möglichst
              ohne Schale)

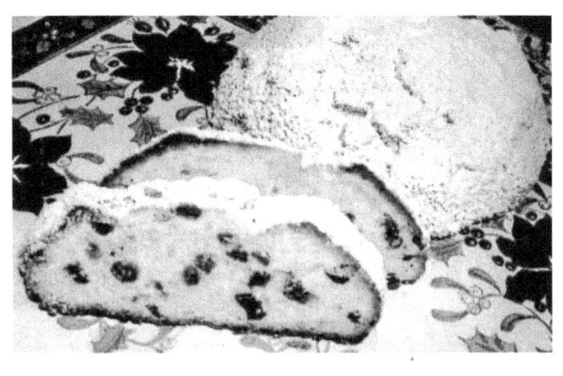

Mehl mit Backpulver und Gewürzen mischen,
mit Eiern, Zucker, Vanillezucker, abgeriebener Zitrone, Butter und Quark zu geschmeidigem Teig verarbeiten.
In Rum eingeweichtes, geriebene Mandeln dazu geben, sofort zum Stollen formen und auf dem gefetteten mit Mehl bestäubten Blech bei 175-190°C in etwa 65-75 Minuten backen.
Noch heiß mit zerlassener Butter bepinseln und mit Zucker bestreuen etwas später mit Puderzucker besieben.

Gutes Gelingen

Maria Huggle
93

Pfefferminz-Taler

450 gr. Puderzucker
1 Ei weiß
2 Teel. Zitr. saft
300 gr. bittere Kuvertüre
Pfefferminzöl (Apotheke)
100 gr. Puderzucker zum auswellen.

Den Puderzucker in eine Schüssel
sieben, mit Zitr. saft u. Eiweiß verrühren. Mit 3-4 Tropfen Pfefferminzöl parfümieren.
Die Arbeitsfläche mit Puderzucker
bestreuen.
Zuckermasse darauf ca. 1/2 cm dick
auswellen.
Kleine runde Plätzchen ⌀ 2-3 cm
ausstechen.
Mit breitem Messer aufnehmen u. auf
Pergament 2 Std. trocknen. Kuvertüre
schmelzen, Taler darin eintauchen u.
trocknen lassen.

Heidi Mattes

94

Raffaello Pralinen

Zutaten:

100g. Sahne
25g. Butter
200g. weiße Schokolade
125g. Kokosraspeln
Kokosraspeln zum Wälzen

Zubereitung:

Sahne, Butter und Schokolade
langsam erwärmen (Wasserbad)
bis alles geschmolzen ist. Die
Kokosraspeln unterheben und die
Masse kaltstellen. Aus der kalten
Masse Kugeln formen und diese
dann in den Kokosraspeln wälzen.

Anja Kloos

Rosinenplätzchen

Zutaten:
125 g	Butter
125 g	Zucker
1 P.	Vanillinzucker
3	Eier
250 g	Mehl
1 Msp.	Backpulver
70 g	Rosinen
etw.	Zitronenzesten

Zubereitung: Butter, Zucker, Vanillinzucker
& Eier schaumig rühren.
Mehl, Backpulver, Rosinen
& Zitronenzesten untermengen.
Mit einem Teelöffel kleine
Plätzchen formen & auf ein
Backblech setzen.

Bei 175°C backen bis sie
goldgelb sind.

Die Rosinenplätzchen sind
einfach zu machen, lecker (wenn
man Rosinen mag) und heiß
geliebt bei den Kleinsten.

Regina Schilling

Rosinenstangen

Zutaten: 275 gr. Mehl
2 Pack. Van. Zucker
etw. Salz
4 Eßl. Milch
250 gr. Butter

Alle Zutaten zu einem knettig
verarbeiten.

Füllung: 200 gr. gewaschene
Rosinen (diese bis zu
3 Wochen in Rum in einem
geschlossenen Glas tränken.)

Teig dünn ausrollen und in Rechtecke 5 x 4 cm schneiden. Auf jedes
Teigeck einige abgetropfte Rosinen
legen u. darin einwickeln.
Bei 180°C hell backen. Erkaltetes
Gebäck an beiden Enden in Schoko-
glasur tauchen.
                              Heidi Muttes

98

Ruggele-Hörnle

200 g Butter
200 g Doppelrahm-Frischkäse
300 g Mehl

2 Std. ruhen lassen

40 g brauner Zucker kandies
40 g Zucker
40 g Nüsse - gemahlen

Teig in 4 Teile schneiden
feiner Kandies, Zucker, Nüsse aufs
Brett verteilen, und den Teig darauf
ausrollen.
Und schneidet den Kreis in Stücke
aus und Rollt zu Hörnchen auf
Backzeit ca 10-15 Min
bei 150°C
mit Puderzucker bestauen

Martha Leinmüller

Rum - Täschen

Zutaten :

- 250 g Mehl
- 125 g Butter
- 1 Ei (L)
- 75 g Zucker
- 1 Päckchen
  Vanillin - Zucker

- 1/3 Fläschchen
  Rum-Aroma

- 3 EBl rotes
  Johannisbeer - Gelee
- 75 g gemahlene Mandeln
- 3 EBl . Rum

- 175 g Puderzucker

- 30 Rosinen

Zubereitung :

1. Mehl, Butter, Ei, Zucker, Vanillin - Zucker, Rum - Aroma zu einem Teig kneten. Den Teig in einer Folie ca. 30 Minuten kühl stellen.

2. Gelee in einem Topf erwärmen und mit den gemahlenen Mandeln verrühren.

3. Den Mürbeteig ca. 2-3 mm dicke aus- rollen. Aus dem Teig Kreise mit

6-7 cm Durchmesser ausstechen (Trinkglas). In die Mitte jedes Kreises etwas Mandelfüllung geben und die Teigkanten von drei Seiten zur Mitte einschlagen. In die Mitte jedes Plätzchens eine Rosine drücken.

4. Die Täschchen auf das gefettete Backblech legen und im vorgeheizten Backofen bei 180 Grad ca. 12 Minuten backen. Auf einem Kuchengitter auskühlen lassen.

5. Puderzucker mit Rum und 1-2 Eßl. Wasser verrühren und die Rum Täschchen damit bestreichen.

Viel Spaß beim Backen
wünscht

Silke Schilling

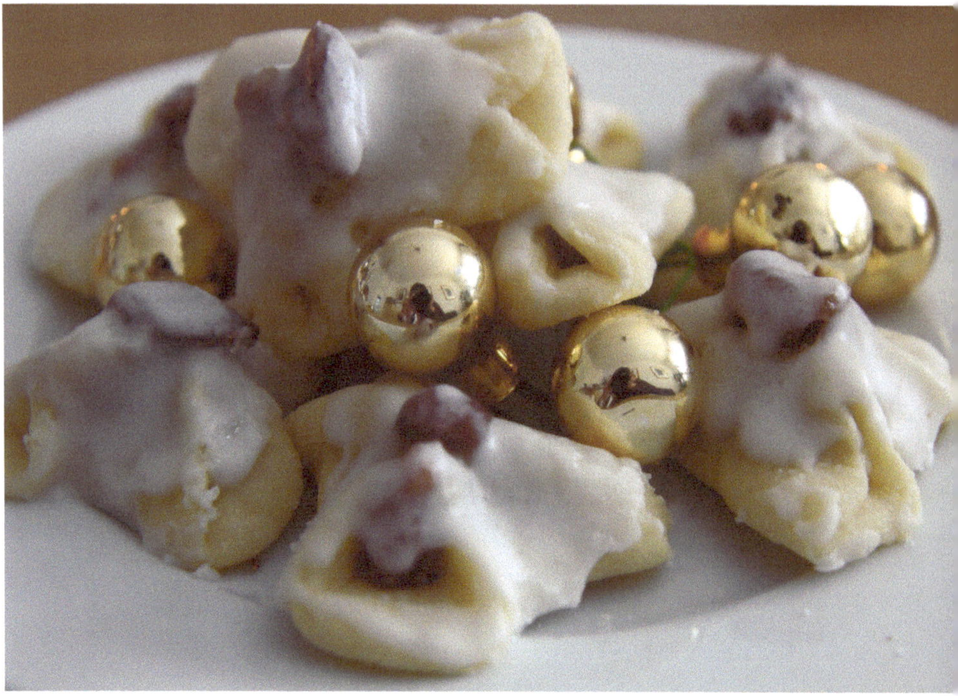

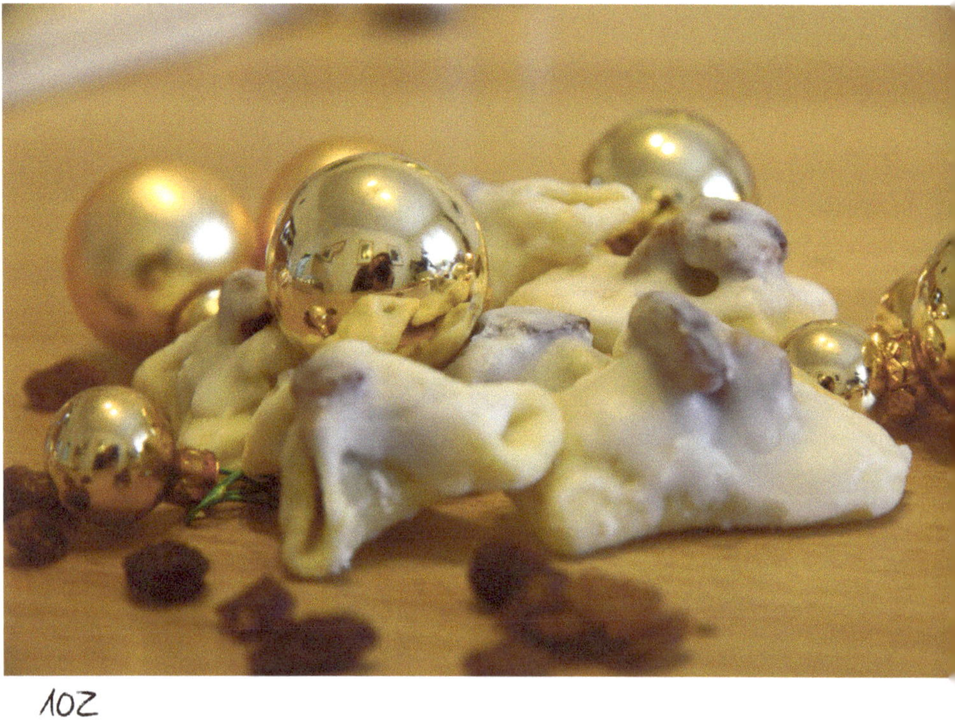

Schwäb. Früchtebrot

Teig: Von 250gr. Mehl, 1/2 P. Hefe,
1 Pr. Salz, 100gr. Butter, 100g Zucker,
etw. Milch einen geschmeidigen
Teig bereiten u. 1 Std. gehen lassen.
Tag zuvor 125gr. Rosinen in Rum
einlegen.

Nun kocht man kurz etwas Dörrobst
weich, gibt dazu 1/2 Päck. Feigen,
150gr. Zitronat u. 150gr. Orangeat,
1 Pr. Zimt, 100gr. Nüsse, 1 P. Van.z.,
etwas Zitr.schale, etw. Muskat,
1 P. Lebkuchengewürz, 2 Eßl.
Kakao u. 5 Tropfen Bittermandelöl.

Wenn der Teig aufgegangen ist, knetet
man die ganzen Zutaten unter, füllt
ihn in eine gefettete Kastenform,
läßt ihn nochmals aufgehen und
bäckt ihn 35 Min. bei 175°C.

Heidi Mattes

103

Schneebälle

Zutaten:

2 Eiweiß

100 g Puderzucker

200-250g kleingehackte
     Walnüsse

1 1/2 Esslöffel Zitronensaft

Back=Trennpapier

Zubereitung:

Das Eiweiß zu Schnee schlagen. Nach und nach den Puderzucker und den Zitronen- saft dazugeben und alles zu einer steifen Masse rühren. Danach die kleingehackten Walnüsse unter die Eischnee- masse heben. Mit Hilfe von 2 Teelöffeln werden nun kleine Häufchen auf ein, mit Back-Trennpapier ausgelegtes, Backblech gesetzt.
Die Einschneebälle lässt man bei 120 Grad ca. 20 Minuten im Backofen trocknen

Elisa Klaas

Schwarzweiß-Gebäck

Zutaten:

250 g Butter
250 g Zucker
2 Eier
1 P Vanillezucker
2 EL Rum

500 g Mehl
1 Msp Backpulver
3 EL Kakao
Eiweiß zum Bestreichen

Zubereitung:

Butter, Zucker, Vanillezucker und Eier schaumig
rühren. Rum dazugeben. Mehl mit Backpulver
mischen und darunter mischen, kurz kneten.
Teig in zwei Hälften teilen, einen Teil mit
Kakao dunkel färben. Beide Teile kalt
ruhen lassen.
Schneckenmuster: Hellen und dunklen Teig
getrennt zu gleich großen Rechtecken dünn
ausrollen. Die helle Teigplatte mit Eiweiß
bestreichen, dunkle Teigplatte daraufleigen,

ebenfalls mit Eiweiß bestreichen, aufrollen.

<u>Schachbrettmuster:</u> Aus dem hellen und dem dunklen Teig lange dünne Rollen formen. Mit Eiweiß bestreichen. Eine dunkle neben eine helle legen, die zweite Schicht entgegengesetzt daraufzlegen, andrücken, mit Eiweiß bestreichen. In dünn ausgerollte, helle Teigplatte einschlagen.

Die geformten Rollen in Aluminiumfolie einschlagen und im Kühlschrank ruhen lassen. Die Teigrollen in 0,5 cm dicke Scheiben schneiden. Etwa 8-10 Minuten bei 190 °C backen.

Viel Vergnügen beim Backen!
Daniela Huber-Bacher

Spitzbuben

500 g Mehl	
250 g Butter	Knetteig herstellen
250 g Zucker	und Plätzchen
2 Eigelb	ausstechen.

Aus der Hälfte der Plätzchen werden kleine Formen ausgestochen.

180 °C ca. 8 min.

Plätzchen mit Marmelade oder Gelee bestreichen, Motivplätzchen auflegen und mit Puderzucker bestäuben.

Sonja Alber

108

Springerle

Zutaten:

- 4 Eier
- 500 g Puderzucker
- 500 g Mehl
- etwas abgeriebene Zitronenschale
- 1 Msp. Hirschhornsalz
- Anis (ganz)

Den Zucker und die Eier schaumig rühren. Mehl, Zitronenschale und das Hirschhornsalz unterrühren.

Den Teig zugedeckt 1 Stunde kalt stellen.

Den Teig auf ca 3-4 mm ausrollen und das Model mit etwas Mehl bestäuben und auf den Teig drücken.

Model abheben, die Form ausschneiden und die Springerle auf das mit Aniskörnern bestreute Backblech legen.

über Nacht die Springerle gut abtrock-
nen lassen.

Am nächsten Tag den Backofen auf
160 Grad vorheizen und die Springerle
auf der mittleren Schiene backen.
Während des ersten 20 Minuten die
Backofentür einen Spalt offen lassen.

Dann die Backofentür schliessen und
die Springerle fertig backen bis der
Boden goldgelb, die Oberfläche aber
noch weiss ist.

Springele einige Tage offen stehen
lassen, damit sie weich werden.

Gutes Gelingen
wünscht

Silke Schilling

Springerle:

Zutaten:

4 Eier
500g Zucker
abgeriebene Schale einer
unbehandelten Zitrone
500g Mehl
Anis für das gefettete
Backblech

Springerlemodel

Zubereitung:
Das Eiweiß wird zu steifen
Schnee geschlagen. Zucker
und Eigelb nach und nach
dazugeben und so lange
rühren bis sich der Zucker
aufgelöst hat. Anschließend
die Zitronenschale und das
gesiebte Mehl dazu geben

und die Masse gut verkneten.
Den Teig eine Stunde kalt
stellen.
Nach dem Ruhen wellt man
den Teig auf einer bemehlten
Arbeitsfläche ca 1 cm dick
aus. Die Model werden mit
Mehl bestäubt und fest in die
Teigplatte gedrückt.
Danach werden aus dem Teig
die Formen ausgeschnitten
und auf ein gefettetes, mit
Anis bestreutes, Backblech
gesetzt.
Die Springerle läßt man über
Nacht bei Zimmertemperatur
trocknen und backt sie am
nächsten Tag bei schwacher
Hitze.

Anastasia Hamma

Springerle von Oma Pauline

2 Eier

geschrieben von
Andrea Lehner

200 g Puderzucker

1 Vanillezucker

250 g Mehl

1 Messerspitze Hirschhornsalz

1 Prise Salz

1-2 Esslöffel Anissamen (fürs Blech)

Eier schaumig rühren und nach und
nach Zucker u. Vanillezucker zugeben.
Rühren bis die Masse cremig wird.
200 g Mehl mit Hirschhornsalz sieben
und in die Eicreme rühren.
Restliches Mehl unterkneten.
Den Teig ca 3/4 cm dick ausrollen.
Die gut mit Mehl ausgepinselten
  Springerleformen in den Teig drücken.

Model abheben, überstehenden Teig abschneiden und die Springerle auseinanderschneiden. Ein Wellholz mit Springerle - Muster funktioniert auch sehr gut!

Ein Backblech mit Backpapier belegen und mit Anissamen bestreuen. Springerle darauf legen und 20 Std. an einem mäßig warmen Ort trocknen lassen. Dann bei schwacher Hitze bei 140°C ca 30 -40 Minuten eher trocknen als backen. Ein leeres Backblech 2 Stufen über das Blech mit den Springerle schieben, damit sie auf der Oberseite weiß bleiben.

Dass die Springerle weich bleiben, Dose einige Tage offen lassen oder ein Stück Brot oder ein Apfelschnitz dazulegen.

Tante - Berta - Bretli

Rezept für 1 Blech

Boden:

5 Eigelb
60 Gramm Zucker
100 Gramm Butter
250 Gramm Mehl
Marmelade (rote z.B. Erdbeer)

Mürbeteig zubereiten und kaltstellen. Danach auf das Backblech ausrollen und bei 200°C 10 Minuten backen. Mit warmer Marmelade bestreichen.

Füllung:

5 Eiweiß
100 Gramm Zucker
2 Vanillezucker
120 Gramm gemahlene Mandeln
30 Gramm zerlassene Butter

60 Gramm Mehl
1 Eßl. Milch
1 Fläschchen
   Bittermandel
oder Amaretto

Eischnee bereiten und die restlichen Zutaten
dazu rühren.
Die Masse auf den Mürbeteigboden und
die Marmelade streichen.
Alles noch einmal ca. 15-20 Minuten
backen. Abkühlen lassen und mit <u>Zuckerguss</u>
aus ca. 200 Gramm Puderzucker und Zitronensaft (alternativ Amaretto) bestreichen.
Das Gebäck in Ecken oder Rauten schneiden.

Diana Sauter

{ Uromas Ausstecher Rezept }

250g Butter
250g Zucker
2-3 Eier
Saft von einer halben Zitrone
500g Mehl

Zutaten verkneten mindestens
2 Stunden kühl stellen

Teig auswellen und nach
Belieben ausstechen

Bei 175°C 10-12 Minuten

Daniel Stehle

Ursulas - Nusswürfel

225 g	Mehl	
2 P.	Vanillepudding	} Knetteig herstellen auf gefettetem Blech ausrollen mit 100 g Marmelade bestreichen
2 TL	Backpulver	
125 g	Zucker	
2	Eier	
125 g	Margarine	

200g	Margarine	} Margarine & Zucker schmelzen Nüsse, Müsli & Wasser unterheben. Masse auf dem Knetteig verteilen
150g	Zucker	
8 Eßl	Wasser	
300g	gem. Nüsse	
100g	Schokomüsli	

175°C / 45min backen, noch warm
in Vierecke 4x4 cm schneiden

Vanillebrötchen, feinere Art

Zutaten:

7 Eigelb und 3 ganze Eier
500 g Puderzucker
1 Pack. Vanillezucker
450 - 500 g Mehl (je nach Größe
der Eier)

Zubereitung:

Eier und Zucker werden schaumig
gerührt, das Mehl darunter gemengt,
runde Häufchen auf ein mit
Backpapier ausgelegtes Backblech
gesetzt, die man über Nacht trocknen
läßt. Sie werden in nicht zu
heißem Ofen gebacken, d.h.
bei 160°C ca. 15 min.

Gutes Gelingen wünscht
Sabine Schöttle

Das Originalrezept:

1110. Vanillebrötchen, feinere Art.

Zutaten: 7 Eigelb und 3 ganze Eier, ~~500 g. Zucker~~ *5000 Puderzucker* *(keine anderen Zucker nehmen)* Vanillezucker, 1 Pfund Mehl.

Eier und Zucker werden schaumig gerührt, das Mehl mit den anderen Zutaten darunter gemengt, runde Häufchen auf ein gewachstes Blech gesetzt, die man über Nacht trocknen läßt. Sie werden in nicht zu heißem Ofen gebacken.

Dieses stammt aus dem 1937 erschienenen Buch „Erprobte Kochrezepte" der Barmherzigen Schwestern aus Untermarchtal und gehört in unserer Familie zu den Lieblingsrezepten. Ähnlich wie Springerle, doch ohne Anis, schmeckt es Kindern besonders gut.

P.S.: Das Rezept ergibt ca. 10 Backbleche – wie früher für die Großfamilie notwendig. Wer weniger möchte, sollte das Rezept einfach „halbieren"!

Vanillehäufchen

Zutaten: 6 Eier
500 g Zucker
500 g Mehl
1-2 Vanillezucker oder
Vanilleschoten
1 P Anissamen

Zubereitung:
Alle Zutaten dick cremig schlagen.
Backbleche fetten und mit Anissamen
bestreuen. Teig mit einem Eßlöffel
portionsweise als Häufchen auf das
Backblech in die Anissamen setzen. Die
Häufchen auf den Blechen über Nacht
trocknen lassen. Am nächsten Tag bei
175°C im vorgeheizten Backofen ca.
10 min. backen. Die Häufchen sollten
oben hell sein und hellbraune Füßchen
haben.

Gutes
Gelingen
wünscht
Theresia Maier

Vanillekipferl

140 g Margarine
100 g Zucker

schaumig schlagen

Mark einer 1/2 Vanilleschote zufügen

1 Eiweiß steifschlagen & unterheben

200 g Mehl &
100 g gem. Mandeln mischen & unterziehen

Teig in 3 Rollen à 2 cm Ø formen &
in Alufolie 1 Std. kalt stellen.

Von den Rollen Scheiben schneiden & zu
kipferl" formen.

Bei 180 Grad ca. 20 Min. backen.

Mark ein 1/2 Vanilleschote ⎫ mischen &
1 EL Zucker ⎬ erkaltete
2 EL Puderzucker ⎭ kipfer darin
wenden.

Leckere Grüße wünscht Heidi Meyer

123

Vanillekipferl

100	g	Mandeln
280	g	Mehl
70	g	Zucker
200	g	Butter
1	Pr.	Salz
2		Eigelbe
5		Vanillinzucker
½	Tasse	Puderzucker

Die Mandeln überbrühen, abziehen und fein reiben.

Das Mehl, die Mandeln, den Zucker, das Salz, die kalte Butter und die Eigelbe zu einem Mürbeteig verkneten.

Den Teig 2 Stunden im Kühlschrank ruhen lassen.

Anschließend den Teig zu bleistiftdicken Röllchen formen. Die Röllchen in 5 cm lange Stücke schneiden und zu Kipferl biegen.

Im auf 190° vorgeheizten Backofen ca. 10 Minuten goldgelb backen.

Den Vanillinzucker mit dem Puderzucker mischen und die noch warmen Kipferl darin wenden.

Gutes Gelingen!

Stefanie Straub

VANNILLEKIPFERL

Zutaten:

Teig:
- ♥ 250 g Mehl
- ♥ 100g Puderzucker
- ♥ Mark einer Vanilleschote
- ♥ 100g gemahlene Mandeln
- ♥ 200g Margarine
- ♥ 2 Eigelb

Verzierung:
- ♥ 30 g Zucker mit 4 Päckchen Vanillezucker mischen

Zubereitung:

Alle Teigzutaten mit den Händen verkneten.
Dann ca. 30 Minuten kalt stellen. Kleine
(ca. 5 cm lange) Rollen formen und zu
Kipferl biegen. Bei ca. 200°C etwa 10 min
backen. Sofort nach dem Backen noch
heiß in Vanillezucker-Zucker-Gemisch
wenden.
Ergibt ca. 70 Stück.

von Viktoria

von Viktoria Stehle

Vanille - Rahm Viekse

500g Mehl
1 TL. Backpulver
Mark von 2 Vanilleschoten

375 g Margarine.
180 g Zucker
200 g Schmand

2 Essl, Schokoladenstreusel

Ei zum bestreichen

Hagelzucker

Aus den Zutaten einen
geschmeidigen Teig zubereiten.

In Klarsichtfolie 2 Stunden
in Kühlschrank ruhen lassen.

Teig ½ cm dick auswellen
und ausstechen.
Mit Eigelb bestreichen und
mit Hagelzucker bestreuen.

Kreszentia Schilling

Walnussplätzchen

Zutaten:
250g. Mehl
150g. Zucker
1 P. Vanillezucker
1 Prise Salz
1 Eigelb
200g. Butter

Dekoration:
150 g. Walnusskerne

Glasur:
1 Eiweiß
150g. Puderzucker
1/2 P. Vanillezucker

Zubereitung:

Aus Mehl, Zucker, Vanillezucker, Salz, Eigelb und Butter einen Knetteig herstellen. Nach dem Kaltstellen wird der Teig auf einer bemehlten Arbeitsfläche kurz durchgeknetet und ca. 1/2 cm. dick ausgewellt. Nun sticht man runde Plätzchen aus und legt diese auf ein gefettetes Backblech. Auf jedes Plätzchen kommt ein halber Walnusskern.
Bei 200 °C, ca 15 Minuten backen.
In der Zwischenzeit rührt man aus dem Eiweiß, Puderzucker und Vanillezucker die Glasur. Diese wird als Verzierung auf die noch warmen Plätzchen gespritzt.

Anja Kloos

Senses

Weihnachts- Haselnuss Stollen

50g Sultaninen
50g Rosinen   } einweichen
170 ml Rum
500g Mehl
1 P Backpulver
125g brauner Zucker
175g Butter
250g Magerquark
200 g gehackte Haselnüsse
200g Marzipanrohmasse
2 Eier
1 EßL QL
1 P Vanillezucker
Saft + Schale einer halben Zitrone

für die Füllung

150g brauner Zucker   125g Zitronat
1 TL Rosenwasser   125g Orangennat
4 Essl. Milch   125g gem. Mandeln
1 Tropfen Bittermandel

50g Butter   Zum bestreichen
Puderzucker

Alles zu einen Teig verkneten
zuletzt Rosinen und Sultaninen
unterkneten.
Zu einem Rechteck ausrollen und
Füllung daraufstreichen.
Das Marzipan ausrollen und auf den
Teig Legen.
Der Länge nach ausrollen und in eine
stollenform Legen. auf 190° 60 Min.
nach dem backen mid Butter bestreichen und Puderz

Weihnachtsplätzchen !
Die Butter-Klassiker zum Ausstechen.

50 gr. Butter
60 gr. Zucker
1 Päck. Vanillzucker
170 gr. Mehl
1/2 Teel. Backpulver
2 Eier

Die weiche Butter mit dem Mixer schaumig schlagen, Zucker und Vanill-zucker einrieseln lassen, unter Rühren auflösen. Mehl und Backpulver mischen, zusammen mit dem Ei und der Butter-masse verkneten. Nun 1 Std im Kühl-schrank ruhen lassen.

Nun dünn ausrollen, mit Backförmchen Kekse ausstechen, mit dem restlichen Ei bepinseln und auf ein Backblech legen.

Im vorgeheizten Backofen bei 190 Grad etwa 13 min. backen.

Auskühlen lassen und anschließend verziehren.

Karin Maier

Weihnachtswunsch

Herr, laß Weihnacht werden
auch in meiner Welt
daß hier Friede, Freundlichkeit
und Güte unsern Alltag
so behüte wie es dir gefällt.

- - - - - - - - - - - - - -

Herr, laß Weihnacht werden
bei den Lieben mein,
Laß uns gerne aneinander
denken, gegenseitig
Freude schenken
und auch gütig sein.

Herr, laß Weihnacht werden
durch alles, was du gibst,
daß ich deine frohe Botschaft
künde und dich in dem
Nächsten finde, den du
durch mich liebst.

- - - - - - - - - - - -

Herr, laß Weihnacht werden
auch im Herzen mein,
daß ich dich erkenne und erlebe
und dir meine Liebe gebe und
kann fröhlich sein.

Renate Schilling Angerstr. 19

137

Weiße Pfeffernüsse.

Man rührt 1/4 Pfd. Nama Margarine butterfein
zu Sahne mit 4 Eigelb 1 ℔ Zucker etwas abgeriebene
Zitronenschalen 60 g süße 30 g bittere gehackte Mandeln
u. zuletzt 1 Pfd. Mehl dazu dem fügt man den
Schee der 4 Weißeier bei u. knetet alles tüchtig
durcheinander nachdem man noch ein ungefähr
2 Erbsen großes Stück Hirschhornsalz in
Milch aufgelöst hinzugeben hat. Entweder
kann man aus der Masse nun Nüsse formen
ist sie nicht fest genug muß man noch etwas
Mehl nehmen

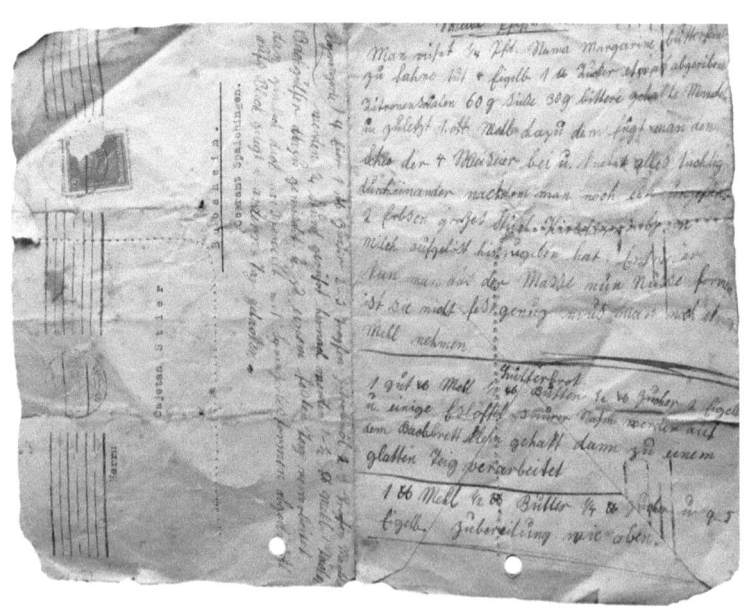

Weiße Pfeffernüsse

Man rührt 1/4 Pfund Rama Margarine
butterfein zu Sahne tut 4 Eigelb
1 Pfund Zucker etwas abgeriebene
Zitronenschalen 60 g süße 30 g
bittere gehakte Mandeln u. zuletzt
1 Pfund Mehl dazu dem fügt man
den Schnee der 4 Weißeier bei u.
Knetet alles tüchtig durcheinander
nachdem man noch ein ungefähr
2 Erbsen großes Stück Hirschhornsalz
in Milch aufgelöst hinzugegeben hat.
Entweder kann man aus der
Masse nun Nüsse formen ist sie
nicht fest genug muss man noch
etwas Mehl nehmen.

von Cajetan Stier
Großvater von
Diana Sauter

Winterküsse

Zutaten: 4 Eiweiß
140 gr. Zucker
140 gr. Walnuss-
kerne gehackt
70 gr. Zitronat
Oblaten

Zubereitung: Eiweiß und Zucker
schaumig schlagen, ge-
hackte Walnüsse und
das klein geschnittene
Zitronat darunter rühren.
Blech mit Oblaten auslegen
und auf diese den Teig
verteilen.
Ca. 45 Min bei 150 °C leicht
gelb backen. Nadja Mattes

141

Zimttaler !

300 gr. Mehl 200 gr. Butter
100 gr. Puderzucker 1 Ei.
100 gr gem. geröstete Nüsse
1 Teel. Backpulver 1 Teel. Zimt.

Knetteig bereiten dünn
ausrollen Plätzchen ausstechen
auf ein Backblech legen. Und
10 Minuten backen. Die kalten
Plätzchen mit zerlassener
Butter bestreichen sofort mit
Zucker und Zimt bestreuen!

Rezept: Ida Mattes.

Zitronenringe

Teig :
- 200 g weiche Butter
- 1 Eigelb
- 130 g Puderzucker
- 1 Vanilleschote

} schaumig rühren

- 300 g Mehl
- 1 Prise Salz
- abgerieb. Schale von 2 Zitronen
- 1 EL Zitronensaft

} zugeben

Guß :
- 150 Puderzucker
- 2 1/2 EL Zitronensaft
- gehackte Pistazien zum Bestreuen

Den gerührten Teig in Klarsichtfolie ein-
schlagen und 1 Stunde kühlstellen. Den
Teig in 4 Teile teile. Jedes Teil zu einer 20 cm
langen Rolle rollen. Jede Rolle in ca. 12
Teile schneiden. Aus jeder Scheibe einen
Ring formen und auf das Blech legen.
Die Ringe im 140°C vorgeheizten Backofen
bei Umluft 25 min. backen.
Nach dem Backen mit Zitronenguß
bestreichen und in Pistazien wälzen.   BEATE SAUTER

Zitronen Sterne

300 g	Mehl	
200 g	Zucker	
1	Ei	
150 g	Margarine	
1	Zitrone (Saft & Schale)	

Aus allen Zutaten rasch einen Teig kneten & 1 Std. kaet stellen.

Teig 1cm dick ausrollen & Sterne ausstechen. Bei 180 Grad – 12-15 Min backen. Erkaltete Plätzchen mit 1 Päckchen Zitronenglasur bestreichen.

Gutes Gelingen
Heidi Meyer

Eigene Rezepte

149

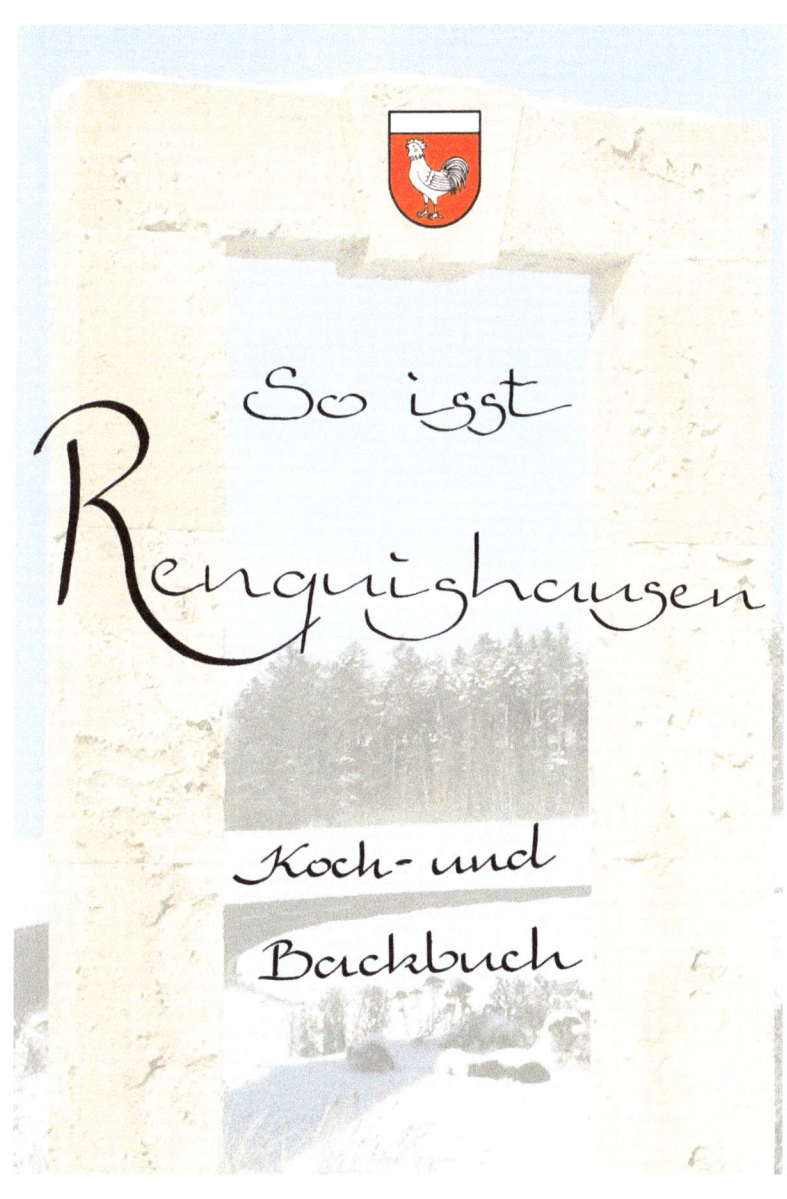

So isst

Renquishausen

Koch- und

Backbuch

© 2013 Heimatverein Renquishausen e.V.
2. Auflage
Verlag: tredition GmbH, Hamburg
ISBN: 978-3-8495-4538-3

Zeitfracht Medien GmbH
Ferdinand-Jühlke-Straße 7
99095 Erfurt, Deutschland
produktsicherheit@kolibri360.de